GÖPPINGER ARBEITEN ZUR GERMANISTIK
herausgegeben von
Ulrich Müller, Franz Hundsnurscher und Cornelius Sommer

Nr. 183

Minimalgrammatik zur Arbeit mit mittelhochdeutschen Texten

Übersicht über die wichtigsten Abweichungen vom Neuhochdeutschen

zusammengestellt von
Kurt Gärnter und Hans-Hugo Steinhoff

6., durchgesehene Auflage

Kümmerle Verlag
Göppingen 1995

In der Reihe "GÖPPINGER ARBEITEN ZUR GERMANISTIK"
erscheinen ab Band 160 ausschließlich Veröffentlichungen aus
dem Gebiet der Altgermanistik und der Sprachwissenschaft.
Die **neugermanistische** Fortsetzung der Reihe erfolgt in
"STUTTGARTER ARBEITEN ZUR GERMANISTIK",
Akademischer Verlag Stuttgart Hans-Dieter Heinz

1. Auflage 1976
2. Auflage 1977
3. Auflage 1979, Nachdruck 1984
4. Auflage 1989
5. Auflage 1992
6. Auflage 1995

Kümmerle Verlag , Göppingen 1995
Staibengasse 1, D-73547 Lorch, Tel. (0 71 72) 48 44
Druck: Sprint-Druck GmbH, 70469 Stuttgart
ISBN 3-87452-316-0
Printed in Germany

Inhaltsverzeichnis Seite

1	**ZEICHEN UND LAUT**	7
1.1	in normalisierten Ausgaben	7
1.2	in Handschriften	7
2	**LAUTLEHRE**	7
2.1	Vokale	7
2.2	Konsonanten	8
2.3	Sonderformen	8
3	**FORMENLEHRE**	8
3.1	**Substantiv**	8
3.1.1	starke Flexion	9
3.1.2	schwache Flexion	9
3.2	**Adjektiv**	10
3.2.1	starke Flexion	10
3.2.2	schwache Flexion	10
3.3	**Adverb**	10
3.4	**Pronomina**	10
3.4.1	Personalpronomen	10
3.4.2	Reflexivpronomen	11
3.4.3	Possessivpronomen	11
3.4.4	Artikel	11
3.4.5	Fragepronomen	11
3.4.6	Indefinitpronomina	11
3.4.7	Demonstrativpronomen	11
3.4.8	Adverbialpronomina	12
3.5	**Verbum**	12
3.5.1	starkes Verbum	12
3.5.2	schwaches Verbum	14
3.5.3	Mischformen stark/schwach	14
3.5.4	Präterito-Präsentien	14
3.5.5	Unregelmäßige Verben	14
3.5.6	Das Verbum *sîn* 'sein'	14

4	**SYNTAX**	15
4.1	**Nominativ**	15
4.1.1	Anredekasus	15
4.1.2	im Nominativ vorausgestellte Satzglieder	15
4.2	**Genitiv**	15
4.2.1	bei Verben	15
4.2.2	bei Nomina und Pronomina	15
4.2.3	adverbialer Gebrauch	16
4.3	**Adjektiv**	16
4.3.1	attributiv	16
4.3.2	prädikativ	16
4.3.3	halbprädikativ	16
4.4	**Pronomen:** Subjektspronomen nach *unde*	16
4.5	**Artikel:** Stellung	17
4.6	**Präpositionen**	17
4.6.1	vom NHD abweichender Gebrauch	17
4.6.2	Präposition als Adverb	18
4.6.3	Präposition als Konjunktion	18
4.7	**Konjunktionen**	18
4.8	**Interjektion** *wol*	20
4.9	**Negation** *ne-* und *niht*	20
4.9.1	*ne-* ohne *niht*	20
4.9.2	Konjunktivsätze mit *ne-*	21
4.9.3	positive Formen statt negativer	21
4.9.4	Verneinung durch *wênec*, *lützel*, *selten*	21
Anhang:	Bestimmungstabelle zum Verbum	22
	Mittelhochdeutsche Wörterbücher	24

Vorbemerkung

Die 'Minimalgrammatik' stellt keine eigenen wissenschaftlichen Ansprüche und will keine der etablierten großen oder kleineren Grammatiken ersetzen. Sie sucht durch eine möglichst knappe (und preiswerte) Zusammenfassung der wichtigsten vom Neuhochdeutschen abweichenden Merkmale dem Bedürfnis von Studenten zu entsprechen, deren Studienplan keine intensive historische oder systematische Einführung in die mittelhochdeutsche Grammatik erlaubt.
Vollständige Beschreibung oder gar Erklärung ist also nirgends angestrebt. Berücksichtigt ist allein, was bei der Lektüre mittelhochdeutscher Texte – mit oder ohne Übersetzung – erfahrungsgemäß die meisten Schwierigkeiten macht. Mundartliche oder zeitliche Differenzierungen blieben ausgeschlossen: die 'Minimalgrammatik' faßt kontrastiv zum Neuhochdeutschen das (fiktive) 'Normalmittelhochdeutsch' zusammen, wie es von den Herausgebern der gängigsten Textausgaben benutzt wird.
Gegen die Tradition vieler Lehrbücher steht der Syntax-Teil gleichgewichtig neben den übrigen. Die vergleichsweise reichen Beispiele sollen von praktischem Nutzen sein und zugleich eine Vorstellung von den linguistisch ergiebigen Differenzen zwischen mittelhochdeutscher und neuhochdeutscher Syntax geben. Sie sind nahezu ausschließlich dem Kanon der 'klassischen' mittelhochdeutschen Literatur entnommen.
Die Paragraphen am rechten Seitenrand verweisen auf die große Mittelhochdeutsche Grammatik von Hermann Paul, 23. Auflage von Peter Wiehl und Siegfried Grosse, Tübingen 1989. Am Schluß haben wir Hinweise auf die wichtigsten mittelhochdeutschen Wörterbücher gegeben, die neben lexikalischen oft auch syntaktische Informationen liefern und aus denen auch Anfänger immer noch am meisten lernen können.

Paderborn/Trier — Hans-Hugo Steinhoff / Kurt Gärtner

1 Zeichen und Laut

1.1 in normalisierten Ausgaben § 19 f.

Vokallänge ist nur bei Umlauten regelmäßig bezeichnet: æ œ iu [ü:!], sonst entweder gar nicht oder durch ˆ: â ê î ô û.
e und h sind keine Dehnungszeichen: ie bezeichnet den Diphthong [i-e]: *rief* [ri-ef], h den Hauchlaut, vor Konsonant oder im Auslaut den Reibelaut: *kneht* [knecht], *rouh* [rauch], *solh* [solch].
z steht für die Affrikata [ts] und für den stimmlosen Reibelaut [s]: *zal, daz.*
ph steht für [pf]: *phlegen;* v und f wechseln: *vater/fater*, *zwîfel/ zwîvel.*
c steht im Auslaut für k: *starc.*
Unterpungiertes ẹ weist auf Tilgung aus metrischen Gründen hin.

1.2 in Handschriften § 17

Umlaut ist oft gar nicht oder unregelmäßig bezeichnet, z.B. oͤ uͤ ú (normalisiert: e/ä æ ö œ ü iu eu/oi/öu üe).
Die Diphthonge ou uo üe werden meist oͮ uͦ/vͦ uͤ geschrieben.
v steht auch für [u]: *vnd/und*, seltener umgekehrt u für [f]: *uater.*
Für z als Affrikata steht oft cz oder c: *czwei*, *cehen.*
Abkürzungen: ¯ = Nasal: *vō* = *von*, ᷤ = *er*: hᷤze = *herze*, ͣ = *ra*: *spͣch* = *sprach*; *vn̄* = *vnd(e)*, *dc* = *daz*, *wc* = *waz.*

2 Lautlehre

2.1 Vokale

MHD î û iu -NHD ei au eu/äu (Diphthongierung): *mîn*, *hûs*, *hiute.* § 42
MHD ie uo üe -NHD lang i u ü (Monophthongierung): *liep*, *guot*, *güete.* § 43
In offener Tonsilbe stehen häufig kurze Vokale, die im NHD lang sind: § 45 47
vater 'Vater', wenn die Silbe nicht durch Konsonantendopplung geschlossen wird: *himel* 'Himmel'.
Kürze statt nhd Länge auch bei vielen einsilbigen Wörtern, besonders vor r: *der* 'der', *ir* 'ihr'
Länge statt nhd Kürze bei Mehrfachkonsonanz: *dâhte* 'dachte', in Nebensilben: *-lîch(e)* '-lich', und bei Verschiebung der Silbengrenze in den Mittelkonsonanten: *müe-zen* 'müs-sen', *muo-ter* 'Mut-ter'.

MHD e i â erscheinen im NHD oft als ö u o (Rundung): *helle, fimf,* *mâne* 'Mond', MHD ü als i (Entrundung): *küssen* 'Kissen', MHD *u* als *o* (Senkung): *sun, vrum.* § 48 § 49

Nebentonvokale sind häufiger als im NHD: *herze, gelücke, wandelunge.* § 53-55

2.2 Konsonanten

Regelmäßige Konsonantenwechsel, die im NHD bis auf einige Reste fehlen (Systemausgleich):

"grammatischer Wechsel" von s und r: *verliesen – verlorn*, h und g: *slahen – geslagen*, d und t: *sieden – gesoten*; seltener f/v und b: *heven – huoben.* § 93

Reibelaut statt Verschlußlaut vor t: *würken – worhte*; s statt z [s] vor t: *wizzen – du weist*; s(s) statt zt: *müezen – muose* 'mußte'. § 94

Nasalausfall (mit Dehnung des vorangehenden Vokals) vor h: *denken – dâhte, vâhen – gevangen.* § 36

2.3 Sonderformen

im Bereich der Lautlehre, die im NHD fehlen oder verdeckt sind:

Auslautverhärtung: *tac, tages; wîp, wîbes; liet, liedes.* § 18

Kontraktion: *er leit, seit, treit, lît* (aus älterem *legit, segit* 'sagt', *tregit, ligit*). § 107-111

Synkopierung: *er rette, warte* (statt *redete, wartete*). § 54

Pro- und Enklise: *sküneges man, gip mirz* (statt *des küneges, gip mir ez*). § 23

Krasis: *deist* oder *dêst* (statt *daz ist*), *derst* (*der ist*). § 23

3 Formenlehre

3.1 Substantiv

Flexionsklassen: nur stark (st.) und schwach (sw.); NHD auch gemischt.

Klassenzugehörigkeit und grammatisches Geschlecht können vom NHD differieren: *brunne* sw., NHD st., *helt* st., NHD sw., *vrouwe* sw., NHD gem.; *der list, der touf, daz mære.*

Stärkere Kasusdifferenzierung und schwächere Numerusdifferenzierung als im NHD (vgl. bes. die Beispiele *wort* und *kraft*).

3.1.1 starke Flexionsklassen § 175-185

Mask. und Neutr.: D Sing. auf -e.
Neutr.: Pluralbildung oft ohne Kennzeichnung.
Fem.: GD Sing. teilweise mit Umlaut, NA Plur. oft ohne Kennzeichnung.

MASKULINUM		NEUTRUM		FEMININUM	
tac	*tage*	*wort*	*wort_*	*klage*	*klage_*
tages	*tage*	*wortes*	*worte*	*klage*	*klagen*
tage	*tagen*	*worte*	*worten*	*klage*	*klagen*
tac	*tage*	*wort*	*wort_*	*klage*	*klage_*
hirte	*hirte*	*rîche*	*rîche*		
hirtes	*hirte*	*rîches*	*rîche*		
hirte	*hirten*	*rîche*	*rîchen*		
hirte	*hirte*	*rîche*	*rîche*		
gast	*geste*	*blat*	*bleter*	*kraft*	*krefte*
gastes	*geste*	*blates*	*bleter*	*krefte/kraft*	*krefte*
gaste	*gesten*	*blate*	*bletern*	*krefte/kraft*	*kreften*
gast	*geste*	*blat*	*bleter*	*kraft*	*krefte*

Einige Substantiva auf -er kommen mit unflektiertem G Sing. vor:
des vater/vaters, des bruoder/bruoders.
man kommt in allen Fällen unflektiert vor, außerdem im GD Sing. auch *mannes*, *manne*, im GD Plur. auch *manne*, *mannen*.

3.1.2 schwache Flexionsklassen § 186-189

N Sing. regelmäßig auf -e, alle anderen Fälle auf -en, auch A Sing. Fem.; Ausnahme: A Sing. Neutr. (-e).

MASKULINUM		NEUTRUM		FEMININUM	
hane	*hanen*	*herze*	*herzen*	*zunge*	*zungen*
hanen	*hanen*	*herzen*	*herzen*	*zungen*	*zungen*
hanen	*hanen*	*herzen*	*herzen*	*zungen*	*zungen*
hanen	*hanen*	*herze*	*herzen*	*zungen*	*zungen*

3.2 **Adjektiv**

3.2.1 starke Flexion § 196-200

Endungen teils wie beim Substantiv, teils wie bei den Pronomina.

MASKULINUM		NEUTRUM		FEMININUM	
guoter	*guote*	*guotez*	*guotiu*	*guotiu*	*guote*
guotes	*guoter*	*guotes*	*guoter*	*guoter*	*guoter*
guotem(e)	*guoten*	*guotem(e)*	*guoten*	*guoter*	*guoten*
guoten	*guote*	*guotez*	*guotiu*	*guote*	*guote*

Ferner ein unflektierter N Sing.: *guot* Mask. Neutr. Fem.; bei zahlreichen Adjektiven endet er auf -e: *küene* Mask. Neutr. Fem.

3.2.2 schwache Flexion § 196

Endungen der schwachen Substantiv-Flexion (3.1.2); wie dort also A Sing. Fem. auf -en: *die guoten frouwen* A Sing. / NA Plur.

3.3 **Adverb** § 205

Vom Adjektiv oft durch fehlenden Umlaut unterschieden: *sanfte* (Adv.) – *senfte* (Adj.), *schône* – *schœne*, *spât* – *spæte*, *suoze* – *süeze*.
Adverb zu *guot*: *wol*, zu *bezzer*: *baz*.

3.4 **Pronomina**

3.4.1 Personalpronomen § 213 f.

ich	*du/dû*	*er*	*ez*	*siu/sie/sî/si*
mîn	*dîn*	*es/sîn*	*es/sîn*	*ir*
mir	*dir*	*im(e)*	*im(e)*	*ir*
mich	*dich*	*in(en)*	*ez*	*sie/sî/si*
wir	*ir*	*sie/si*	*siu/si*	*sie/sî/si*
unser	*iuwer*	*ir*	*ir*	*ir*
uns	*iu*	*in*	*in*	*in*
uns(ih)	*iuch*	*sie/si*	*siu/si*	*sie/sî/si*

Die Personalpronomina werden oft umschrieben mit *lîp*: *mîn lîp* 'ich', *dîn lîp* 'du' usw.

3.4.2 Reflexivpronomen (3. Person) § 215

	MASK/NEUTR	FEMIN	Plural MASK/NEUTR/FEMIN
G	*sîn*	*ir*	*ir*
D	*im(e)*	*ir*	*in*
A	*sich*	*sich*	*sich*

3.4.3 Possessivpronomen (3. Person) § 216

Unflektiertes *ir* im Femininum des Singulars und in allen Pluralfällen.

3.4.4 Artikel § 217 f.

der	*daz*	*diu*	*die*	*diu*	*die*
des	*des*	*der*	*der*	*der*	*der*
dem(e)	*dem(e)*	*der*	*den*	*den*	*den*
den	*daz*	*die*	*die*	*diu*	*die*

Der Artikel fungiert auch als Demonstrativ- und Relativpronomen; auch dann heißt der Genitiv Sing. *des*, *der* (‘dessen’, ‘deren’), der Genitiv Plur. *der* (‘derer’), der Dativ Plur. *den* (‘denen’).

Relatives *der* kann absolut stehen wie *swer* (3.4.6) und einen Bedingungssatz einleiten: *der* ‘wenn jemand’ – *ich tuon ez gerne, der ez wil* ‘wenn jemand es will’.

des demonstrativ anknüpfend = ‘deshalb’, ‘daher’.

3.4.5 Fragepronomen § 223

wer *waz*, G *wes* (‘wessen’), D *wem(e)*, A *wen* *waz*

3.4.6 Indefinitpronomina § 225-33

dehein/dekein, flektiert *deheiner*, *-ez*, *-iu* ‘irgendein’, ‘kein’ (vgl. engl. ‘any’, frz. ‘aucun’), *nehein/kein*, flektiert *neheiner*, *-ez*, *-iu* ‘kein’, ‘irgendein’.

swer, swaz, G *swes* ‘jeder der’, ‘alles, was’, ‘wenn jemand’. § 224,3

al im Plural Neutr. häufig mit Umlaut: *alliu/elliu.*

3.4.7 Demonstrativpronomen § 219

dirre/diser	*ditz(e)*	*disiu*	*dise*	*disiu*	*dise*
dises	*dises*	*dirre*	*dirre*	*dirre*	*dirre*
disem(e)	*disem*(e)	*dirre*	*disen*	*disen*	*disen*
disen	*ditz(e)*	*dise*	*dise*	*disiu*	*dise*

3.4.8 Adverbialpronomina § 224,2

dô ist immer temporal: 'damals', '(damals,) als'
dâ ist immer lokal : 'da', 'dort', '(dort,) wo'
dâ mite 'womit'
dar gibt die Richtung an: 'dorthin', 'dahin', 'wohin'
dannen (Kurzform *dan*) ebenfalls: 'von da (her)', 'woher'

Entsprechendes gilt für die Fragepronomina:

wâ 'wo', *swâ* 'wo auch immer', 'überall, wo'
war 'wohin', *swar* 'wohin auch immer', 'überall hin, wo'
wannen 'woher', *swannen* 'woher auch immer'

3.5 **Verbum**

Endungen: 3. Pers.Plur.Ind.Präs. -ent: *si nement* (Konjunktiv: *nemen*). Partizip Präs. -ende: *nemende*. Der Infinitiv mit 'zu' wird flektiert: *ze nemenne*.

Vorsilbe ge-: Fehlt beim Partizip Prät. perfektiver Verben: *worden komen*, *lâzen*, *funden* (statt *ge-worden*, *ge-komen*).
ge- kann perfektivierend gebraucht werden: *sehen* 'sehen' – *gesehen* 'erblicken'. Beim Indikativ Prät. kann es Vorzeitigkeit ausdrücken: *ich sach* 'ich sah' – *ich gesach* 'ich hatte gesehen'. Beim Indikativ Präsens umschreibt es das Futur: *du gesihest in niemer mêr* 'du wirst ihn nie mehr sehen'.

Futur-Umschreibung: *soln*, *müezen*, *wellen* (nicht *werden*) + Inf.

3.5.1 Starkes Verbum (Tempusbildung durch Stammvokalwechsel) § 239-243

Präsens: Singular und Plural des Indikativs von e- und ie- Stämmen durch Stammvokalwechsel geschieden (im NHD Systemausgleich bei der 1. Pers. Sing. der e-Stämme und im ganzen Singular der ie-Stämme):

Inf.: *nemen* *bieten*

Indikativ		Konjunktiv I	
ich nime	*biute*	*neme*	*biete*
du nim(e)st	*biutest*	*nemest*	*bietest*
er nim(e)t	*biutet*	*neme*	*biete*
wir nemen	*bieten*	*nemen*	*bieten*
ir nemet	*bietet*	*nemet*	*bietet*
si nement	*bietent*	*nemen*	*bieten*

Präteritum: 1. und 3. Person Singular Indikativ von den übrigen Formen durch Stammvokalwechsel unterschieden, häufig parallel mit Konsonantenwechsel ("grammatischer Wechsel", vgl. 2.2). Die 2. Pers. Sing. hat den (umgelauteten) Stammvokal des Plurals und endet auf -e.

Indikativ			Konjunktiv II		
ich nam	*reit*	*zôh*	*næme*	*rite*	*züge*
du næme	*rite*	*züge*	*næmest*	*ritest*	*zügest*
er nam	*reit*	*zôh*	*næme*	*rite*	*züge*
wir nâmen	*riten*	*zugen*	*næmen*	*riten*	*zügen*
ir nâm(e)t	*ritet*	*zuget*	*næmet*	*ritet*	*züget*
si nâmen	*riten*	*zugen*	*næmen*	*riten*	*zügen*

NHD Systemausgleich: einheitlicher Stamm 'nahm-', 'ritt-', 'zog-'.

Übersicht über die Stammformen-Reihen des starken Verbums

Reihe		Infinitiv und Präsens	1. + 3.Sing. Indikativ Präteritum	übriges Präteritum	Partizip Präteritum	
I	a.	*grîfen*	*greif*	*griffen*	*gegriffen*	§ 245
	b.	*lîhen*	*lêch*	*lihen*	*gelihen*	
II	a.	*biegen, biuge*	*bouc*	*bugen*	*gebogen*	§ 246
	b.	*bieten, biute*	*bôt*	*buten*	*geboten*	
III	a.	*binden*	*bant*	*bunden*	*gebunden*	§ 247
	b.	*helfen, hilfe*	*half*	*hulfen*	*geholfen*	
IV		*nemen, nime*	*nam*	*nâmen*	*genomen*	§ 248
V	a.	*geben, gibe*	*gap*	*gâben*	*gegeben*	§ 249 f.
	b.	*bitten*	*bat*	*bâten*	*gebeten*	
VI	a.	*var(e)n*	*vuor*	*vuoren*	*gevar(e)n*	§ 251 f.
	b.	*schepfen*	*schuof*	*schuofen*	*geschaffen*	
VII	a.	*halten*	*hielt*	*hielten*	*gehalten*	§ 253
	b.	*slâfen*	*slief*	*sliefen*	*geslâfen*	
	c.	*heizen*	*hiez*	*hiezen*	*geheizen*	
	d.	*stôzen*	*stiez*	*stiezen*	*gestôzen*	
	e.	*loufen*	*lief*	*liefen*	*geloufen*	
	f.	*ruofen*	*rief*	*riefen*	*geruofen*	

3.5.2 Schwaches Verbum (Tempusbildung durch Dentalsuffix und -e) § 255-266

Präteritalformen ohne Umlaut sind häufiger als im NHD:
stellen – stalte, *hœren – hôrte*, *grüezen – gruozte*, etc.

Zusätzlicher Konsonantenwechsel: *decken – dahte*, *wecken – wahte*, *würken – worhte*; mit Nasalausfall und Ersatzdehnung: *denken – dâhte*, *dünken – dûhte* (vgl. 2.2).

3.5.3 Mischformen stark/schwach § 267 f.

beginnen	–	*began/begunde*	–	*begunnen*
bringen	–	*(branc)/brâhte*	–	*(gebrungen)/brâht*

3.5.4 Präterito-Präsentien § 269-276

Inf. und Plur.Präs.	Sing. Präs. 1./3.	2.Pers.	Präteritum (Konjunktiv: Umlaut)	
wizzen	*weiz*	*weist*	*wisse/wesse/wiste/weste*	'wissen'
tugen	*touc*	–	*tohte*	'taugen'
gunnen	*gan*	*ganst*	*gunde/gonde*	'gönnen'
kunnen	*kan*	*kanst*	*kunde/konde*	'können'
durfen	*darf*	*darft*	*dorfte*	'(be)dürfen'
turren	*tar*	*tarst*	*torste*	'wagen'
suln	*sol/sal*	*solt/salt*	*solde/solte*	'müssen'
mugen/megen	*mac*	*maht*	*mahte/mohte*	'vermögen'
müezen	*muoz*	*muost*	*muose/muoste*	'dürfen, müssen' (Konjunktiv: 'mögen')

Im Infinitiv und Indikativ Präs. Plur. oft, im Konjunktiv regelmäßig Umlaut.

3.5.5 Häufiger vorkommende unregelmäßige Verben

wellen	*wil,*	*wilt,*	*wil*	*wolte/wolde*	*gewolt*	§ 277
tuon	*tuon,*	*tuost,*	*tuot*	*tete, tâten*	*getân*	§ 279
gân/gên	*gân,*	*gâst,*	*gât*	*gienc/gie*	*gegân*	§ 280
stân/stên	*stân,*	*stâst,*	*stât*	*stuont*	*gestanden*	§ 281
lân	*lân,*	*lâst,*	*lât*	*liez/lie*	*gelân/gelâzen*	§ 287
hân	*hân,*	*hâst,*	*hât*	*hâte/hate/hete/hæte/hiete*		§ 288
jehen	*gihe,*	*gihst,*	*giht*	*jach,jâhen*	*gejehen*	§ 118
komen	*kume,*	*kumst,*	*kumt*	*quam/kam/kom*	*komen*	§ 248 A.1

3.5.6 Das Verbum *sîn* 'sein' § 282

Ind. Präs.: *bin – bist – ist – wir birn/sîn – ir birt/sît – si sint/sîn*

Die übrigen Präsensformen können von *sîn* und von *wesen* gebildet werden: Konjunktiv *ich sî/wese*, Imperativ *bis/wis*, *sît/weset*. Das Präteritum wird ausschließlich vom starken Verbum *wesen* gebildet:
ich was – du wære – er was – wir wâren.
Partizip Prät.: *gesîn/gewesen/gewest.*

4 Syntax

4.1 Nominativ — § 345-347

4.1.1 In der Anrede (als Vokativ) mit bestimmtem oder unbestimmtem Artikel: *zeige uns über daz wazzer, daz aller wîseste wîp* '. . . du allerkundigste Frau'; *genâde, ein küneginne* 'seid gnädig, Königin'; *sît willekomen Sîfrit, ein edel ritter guot.* § 347,3

4.1.2 Ein im Nominativ vorausgestelltes Satzglied wird in den Satz integriert durch ein Pronomen im Nominativ: *unser vater Adam, die kunst er von gote nam*, oder durch ein Pronomen in einem obliquen Kasus: *Obîe und Meljanz, ir zweier minne was sô ganz; Gramoflanz und Gâwân, von in diu koste wart getân.* § 403

4.2 Genitiv — § 360-379

4.2.1 Er steht bei ungleich mehr Verben als im NHD, wo er meist durch Akkusativ oder Präpositionalverbindungen ersetzt wird: *brôtes leben* 'von Brot leben', *durstes / hungers / der tjoste sterben* 'vor Durst / Hunger / an einer Tjost sterben', *eines liedes beginnen*, *heiles wünschen*, *toufes pflegen* 'getauft sein', *siges jehen* 'den Sieg behaupten', *einem guotes jehen* 'von jem. gutes behaupten', *dienstes danken*, *sühte genesen* 'von Krankheit genesen, gesund werden', *der tocken spiln* 'mit Puppen spielen' u.v.a.; auch bei *sîn* und *werden*: *ir roc was grüener varwe*; *waz wirdet mîn?* '. . . aus mir?' § 361-366

4.2.2 Ebenso steht der Genitiv in verschiedener Bedeutung viel öfter als im NHD bei Substantiven, Adjektiven und Pronomina: *ein strîtes helt* 'ein Held im Kampf', *strôwes wisch* 'Strohwisch', *salzes smac* 'Geschmack nach Salz' (nicht: des Salzes); der Genitiv bei Adjektiven ist im NHD meist durch Präpositionalverbindungen mit 'an' und 'von' ersetzt: *bluotes rôt* 'rot von Blut', *der minnen blinde* 'der vor Liebe blinde', *wazzers vol / lære*, *vingers lanc / breit /dicke*, *guotes rîche / arm, der sinne nacket / blôz / bar*, *valsches vrî*, *helfe balt* 'rasch mit Hilfe', *minne und wunden tôt* 'tot aufgrund von / durch Liebe und Wunden'. § 367-376

Besonders wichtig ist der partitive Genitiv bei den substantivierten Quantitätsadjektiven *vil*, *wênec*, *lützel*, *genuoc*, *mêr(e)*, *minner*: *vil / wênec geldes*, *des ist genuoc*; bei den Zahlwörtern: *starker rigele zwêne*, *unser drî* 'drei von uns', *selbe fümfte sîner genôze* 'selber als fünfter und vier andere . . . '; und vor allem bei § 368 den Pronomen (s)*waz* 'wieviel (auch immer)', 'was für': *swaz goldes* 'wieviel Gold', *waz leides*; *waz stete ez sî* 'was für eine Stadt es wäre'; bei *iht* und *niht*: *iht bœses* 'etwas von Schlimmem' = 'etwas Schlimmes', *iht friunde* 'irgendetwas an Freunden' = 'irgendwelche Freunde'; *niht steines* 'nichts von einem Stein' = 'kein Stein'; *des mac niht ergân* 'davon wird nichts geschehen'; *anders niht* 'nichts von anderem' = 'nichts sonst'; bei *nieman* und *ieman*: *nieman guoter* 'niemand von den Guten' = 'kein guter Mensch', *ieman vremder* 'jemand von den Fremden' = 'jemand Fremdes'.

4.2.3 Adverbialer Genitiv: *tages* 'bei Tage', *des tages* 'an jenem Tage', *anders tages* 'neulich' (vgl. engl. 'the other day'); *dankes* 'mit Absicht, vorsätzlich', *undankes* 'unfreiwillig', *unmuotes* 'schlecht aufgelegt'; *gâhes* 'schnell, rasch'. § 366

4.3 **Adjektiv** § 390-397

Die syntaktische Zuordnung von starker und schwacher Flexion ist weniger streng als im NHD; es gibt noch folgende Möglichkeiten:

4.3.1 attributiv: § 391-392

der guoter wîn, ein schœne wîp, des schœnes swertes, dem liehtem mânen, hohes muotes; sehr häufig ist die Nachstellung des unflektierten Adjektivs und Pronomens: *der helt guot, diu heide rôt, mit swerten bar; der sun mîn, zem wirte sîn,* aber auch *der helt guoter.*

4.3.2 prädikativ: § 393

der wîn ist guoter, *der alte wirt junger* 'der Alte wird jung' (nicht: 'jünger'!), *nie kein tac sô langer* ('lang') *wart*.

4.3.3 halbprädikativ: § 393

beim Subjekt: *die dâ wunde* ('wund, verwundet') *lâgen*; *daz er gesunder wider kam*; *si kom müediu ze in*; *alsô nazzer* ('naß') *muost ich scheiden*; *niemen lebet sô starker*; *friunt der verlorner funden ist*. Beim Objektsakkusativ: *er leit in tôten ûfez gras*; *do si den helt gesunden sah*; *den man sô lieben und sô werden hât*.

4.4 **Pronomen** (vgl. 4.1.2, 4.2.2 und 4.5) § 399-419

Das Subjektspronomen kann in einem durch *unde* angeknüpften Satz auch dann fehlen, wenn es nur aus dem obliquen Kasus eines Pronomens oder einem Possessivum im vorausgehenden Satz ergänzt werden kann: *si ist mîn ôsterlîcher tac und hân* ('ich habe') *si in mînem herzen liep; sô hât man mich für einen man und wirde* ('ich werde') *werder danne ich sî; mir ist wê und bin* ('ich bin') *gesunt; daz was ie sîn spot und sprach* ('er sprach'); *sus ergreif in diu senede nôt und lac* ('er lag') *vor herzeriuwe tôt.*

4.5 **Artikel** § 420-424

Vom NHD abweichende Stellungsmöglichkeiten: *daz Etzelen wîp* 'die Frau Etzels', *hort den allermeisten, daz dîn vil gotlîch gebôt, bî den sînen landen, ein mîn sun, ein der schœnste man, ein daz beste wort.*

4.6 **Präpositionen** § 433

4.6.1 Die meisten Präpositionen werden wie im NHD gebraucht, doch ist die Rektion weniger streng geregelt. Im folgenden werden nur Abweichungen vom NHD mit jeweils typischen Beispielen angeführt.

§ 377 (Gen.)
§ 384 (Dat.)
§ 357 (Akk.)
§ 387 (Instr.)

ab
ab der wer schouwen ('herab von der Brüstung').

an
mit Dat.: *an* ('in') *der hant / dem himel / den buochen*
mit Akk.: *unz an* ('bis auf') *disen tac; an* ('in') *den arm nemen.*

âne
mit Akk.: *âne* ('ohne') *helfe; daz weste niemen dâ âne in* ('außer ihm').
mit Gen.: *valsches âne.*

bî
bî ('von') *der Gahmuret ein kint gewan; bî* ('an') *der stimme erkennen; bî* ('an') *der hant nemen / vüern.*

durch
durch got 'um Gottes willen', *durch uns* 'um unsertwillen'; *durch vorhte* 'aus Furcht'; *durch* + Infinitiv 'um zu': *durch klagen* 'um zu klagen'; *durch daz* 'deswegen'.

ê
mit Gen.: *ê des* 'vormals'; *ê der zît* 'vorzeitig'.

gegen, gein, engegen
mit Dat.(!): *varn gein* ('nach') *Zazamanc; gegen der* ('zur') *tür loufen; der sunne gegen* ('gegenüber') *den sternen stât.*

nâch
nâch ('um') *helfe schrîen; nâch* ('um') *einer küneginne dienen.*

ob
ob im 'über ihm'.

sît
mit Gen.: *sît des tages; sît des* 'seitdem'.

sunder
mit Akk.: *sunder amîen* 'ohne Geliebte'; *sunder êre / danc / spot.*

unz
unz ('bis') *morgen.*

vor, vür
mit Dat., Akk. (*vür* nur mit Akk.): *vür in* ('vor ihn' oder 'an ihm vorbei') *gân / rîten / komen; guot vür* ('gegen') *den tôt; ich wære dir liep vür* ('mehr als') *elliu wîp; für* ('anstatt') *lachen weinen kiesen.*

wider
mit Dat.: *daz wære ein wint wider in* 'im Vergleich mit ihnen';
mit Akk.: *si zürnt wider* ('gegen') *mich.*

4.6.2 Die meisten Präpositionen sind auch Adverbien, die dann oft vollere Formen haben: *ir kumt des strîtes abe / enkumt niht ab dem bette; er sach in an(e) / er sach an in*; ebenso *mite / mit, obe / ob, ûfe / ûf, ûze / ûz.*
in Präp. und Adv., *inne* 'innen' Adv. und *în* Adv.: *în giezen* 'einschenken', *în gên* 'hineingehen'.

4.6.3 Einige Präpositionen fungieren auch als Konjunktionen, z.B. *âne, ê, ob, sît, sunder, unz.*

4.7 Konjunktionen § 434

Das Konjunktionensystem weicht von dem des NHD beträchtlich ab. Nur die wichtigsten und häufigsten Unterschiede werden zusammengestellt.

als, alsô siehe *sô*; *alsam* siehe *sam.*

beide . . . und
korrelativ 'sowohl . . . als auch'; *beide guot unde lîp* (vgl. engl. 'both . . . and').

danne, denne § 396
Vergleichskonjunktion nach Komparativ 'als': *wîzer danne snê.* § 465,7

dô (mit Präteritum) (vgl. 3.4.8.)
temporal 'als': *dô er sî sach, sî sprach*; im Hauptsatz: 'dann'; § 459,1
adverbial: 'damals'.

doch (mit Konjunktiv) § 461,1
konzessiv 'obgleich': *doch ich ein leie wære.*

ê (*daz*)
'ehe', 'bevor'. § 459,9

joch
'auch', 'noch'; 'doch': *der joch* ('auch') *den willen hæte.*

niuwan, *niwan*, *niht wan* siehe *wan.*

ob § 460,1
konditional 'wenn': *waz töhte, ob ich mich selben trüge?*

sam, *alsam* (vgl. *sô*) § 465,4
vergleichend '(ebenso) wie': *doch tete si sam* ('wie') *diu wîp tuont*; mit Konjunktiv 'wie wenn', 'als ob': *man sach die ringe rîsen sam sî wæren von strô* '. . . die Panzerringe fallen, als ob sie . . .'

sît (*daz*)
1. temporal 'nachdem', 'seit(dem)': *sît ich her wart verkouft, sô hân ich smælîch arbeit gedolt*; 2. kausal 'da', 'weil': *er muoz verzagen als ein wîp, sît wîbes herze hât sîn lîp* ' . . . weil er das Herz einer Frau hat'. § 459,10 § 462,1

sô, *alsô*, *als*
1. vergleichend 'wie': *sô man sagt*; *grüene sô der klê*; *du tuost als diu kint*; *er gie alsô der* ('wie einer, der') *mit ellen in sturme werben kan*; 'wie wenn', 'als ob': *ir gebâret als ir sît vrô*; § 465,2
2. temporal-konditional 'wenn' (sehr häufig): *daz wir in dem tôde sweben, sô wir aller beste wænen leben*; *daz sol sîn getân, als wir komen widere*; 3. *sô* adversativ 'dagegen': *ich bin heiden, sô ist diu vrouwe kristen.* § 459,3 § 460,3

swenne, *swanne*
temporal-konditional 'wenn'. § 459,2

swie
konzessiv 'obgleich' (häufig): *swie er ein Sahse wære, im was dâ heime unmære sich ze verligen.* § 461,2

und (vgl. 4.4)
1. nebenordnend, häufig mit Inversion des Subjekts: *sie wîsent uns ze himele und varent si* (statt *si varent*) *zer helle;* 2. oft vor Konditionalsätzen mit Anfangsstellung des Verbs: *ich erkande in wol, und sæhe ich in* ' . . . wenn ich ihn sähe'; 3. relativ: *des scheltens unde* ('welches', 'das') *man ir tete*; öfter *die wîle und* 'die Zeit, die', 'solange wie': *alle wîle und ich mac.* § 445 A.1 § 451

wan (daz), niuwan, niwan, niht wan
(schwierigste mhd Konjunktion; sie entspricht stets dem englischen 'but') 1. exzipierend 'außer', 'nur nicht': *niemer niemen bevinde daz wan* ('außer', 'als') *er unt ich*; *si truogen alle hungers mâl wan* ('nur nicht') *der junge Parzivâl*; einschränkend 'nur' (oft adverbial gebraucht): *dâ sterbent wan die veigen* ('nur die Todgeweihten'); 2. einschränkend-adversativ 'aber', 'sondern': *er nam für sich niht sorgen war wan* ('sondern') *lebete*; 3. einschränkend-konditional 'nur daß', 'wenn nicht (gewesen wäre)', 'wofern nicht': *ouch wære ich tôt von sîner hant wan daz* ('wenn nicht') *mir half mîn scheneschlant*; *wan diu tarnkappe* ('wenn die T. nicht gewesen wäre', vgl. engl. 'but for') *sie wæren tôt dâ bestân*; 4. vergleichend nach verneintem Komparativ oder *ander* 'als': *diu sprach niht mê wan 'ouwê'*; *der anders niht wan strîtes gert.* § 492,E § 466 A.2

wande, want, wan § 462,3
1. kausal, wie nhd 'denn' mit Hauptsatzwortfolge: *wan ich wil in gehorsam wesen* und wie 'da', 'weil' mit Nebensatzwortfolge: *wand in nieman da bekande*; 2. fragend 'warum nicht': *wan minnest du mich?* und wünschend: *wan wær daz wâr!* 'wäre das doch wahr!'.

4.8 **Interjektion**

Bei der Interjektion *wol* steht meist der Akk. (nhd stets Dat.): *wol mich*; *wol die muoter*; oft mit Genitivergänzung: *wol mich mîner vröuden!*

4.9 **Negation** § 436-441

Im Hauptsatz wird die Negation in der Regel durch *ne-*, *en-*, *-ne*, *-n* unmittelbar vor dem Verb und zusätzliches *niht* (oder ein anderes negatives Adverb oder Pronomen) hinter dem Verb ausgedrückt: *erne kumt niht* (vgl. frz. 'il ne vient pas'); im Nebensatz mit Endstellung des Verbs meist nur durch *niht* (oder ein anderes negatives Adverb oder Pronomen): *daz er niht kæme.*

4.9.1 *ne-* allein genügt zur Verneinung in den folgenden Fällen: § 437,2
bei *ruochen*, *wænen*, *wizzen* mit eng anschließendem Nebensatz: *sine ruochte wie im wære* 'sie kümmerte sich nicht darum, wie es ihm ginge'; *ichn wæne daz . . .* ; *ich enweiz* (verkürzt: *neiz*) *wer / waz / wie . . .* Ferner bei *mügen*, *künnen*, *dürfen*, *suln*, *wellen*, *türren*, *lân*, wenn der abhängige Infinitiv ausgelassen ist: *rît ze hove, Dietrich. 'herre, ich enmac'*; *nû kêrte ich gerne, ich enkan*; bei konjunktivischem *nu enwelle* mit Nebensatz: *nu enwelle*

got daz . . . ; bei *tuon*, wenn es ein vorhergehendes Verbum vertritt: *mir gelinge oder entuo* 'oder (gelinge) nicht'.

4.9.2 Abhängige Sätze mit *ne-* allein und Konjunktiv stehen:
1. ergänzend, nach übergeordneten Sätzen mit verneintem Verb oder negativer Bedeutung (*niht vergezzen*, *niht verdriezen*, *niht lân* / *erlân* usw.); Auflösung im NHD durch 'daß' oder Infin. + 'zu', die Negation fällt weg: *daz enwil ich niht versprechen, ich ensehe gerne den Rüedegêres lîp* '. . . nicht bestreiten, daß ich R. gerne sähe'; *Parzivâl des niht vergaz, ern holte sînes bruoder swert* ' . . . vergaß nicht, seines Bruders Schwert zu holen'; § 441
2. einschränkend, oft mit *danne* (*dann*, *denne*); Auflösung durch 'wenn nicht', 'es sei denn, daß', 'außer wenn': *er enkunde niht gesorgen, ez enwære ob im der vogelsang* 'er hätte keine Sorgen gehabt, wenn nicht über ihm der Vogelgesang gewesen wäre'; *ir sît hie strîtes ledec gar, ezn wær danne grœzer iwer schar* 'ihr braucht hier nicht zu kämpfen, es sei denn, eure Schar wäre größer'; *irn wellet mir volgen, ir habet den lîp verlorn* 'wenn ihr mir nicht folgt, so habt ihr das Leben verloren'; § 447
3. erläuternd, oft mit *sô*, *solh* im übergeordneten Satz; Auflösung durch 'daß nicht', 'ohne daß', 'ohne zu' oder Relativum + 'nicht': *ouch erkante ich nie sô wîsen man, ern möhte gerne künde hân welher stiure disiu mære gernt* ' . . . einen so weisen Menschen, daß er nicht gerne erfahren hätte . . . '; *dehein koufman hete ir site, ern verdürbe dâ mite* ' . . . ohne dabei zugrunde zu gehen'; *ich wæne nieman in der werlde lebe, ern habe ein leit* '. . . , der nicht seine Sorgen hat'; *ze kamere kunde ouch niht gesîn, Brangæne enmüese ez wizzen* ' . . . , von dem B. nicht gewußt hätte'.

4.9.3 In *daz*-Sätzen und von *wænen* abhängigen Sätzen kann *iht*, *ieman*, *ie*, *iemer* statt *niht*, *nieman*, *nie*, *niemer* (*nimmer*) stehen: *hüet daz iuch iht* ('nicht') *gehœne mîner frouwen schœne*; *ich wæne man dâ iemen* ('niemanden') *âne weinen vant*; *wie sicher ich es bin, daz er in ie getorste bestân* ' . . . , daß er ihn niemals anzugreifen wagte'; *ich wæne ie* ('nie') *man sô vil gestrite*; *ich wæne der jâmer immer* ('nie wieder') *mêr an helden ergê*. § 441

4.9.4 Häufig wird ein Satz negiert durch *wênec*, *lützel* = 'nicht' und *selten* = 'nie': *dâ kêre ich mich wênec an* 'darum kümmere ich mich nicht'; *daz anegenge ist selten* ('nie') *guot, daz bœsez ende hât*; *lützel ieman* = *nieman*. § 436

Anhang

Bestimmungstabelle zur Ermittlung des Infinitivs aus den Stammformen der mittelhochdeutschen Verben

1. und 3. Pers. Sing. Ind. Prät.				übrige Präteritalformen			
im Text vorgefundener Stammvokal	z.B.	entspricht dem Infinitivvokal	z.B.	im Text vorgefundener Stammvokal	z.B.	entspricht dem Infinitivvokal	z.B.
a	*half*	e	*helfen*	â	*stâln*	e	*steln*
	band	i	*binden*		*bâten*	i	*bitten*
ê	*lêch*	î	*lîhen*	i	*griffen*	î	*grîfen*
ei	*greif*	î	*grîfen*	ie	*wielten*	a	*walten*
ie	*wielt*	a	*walten*		*sliefen*	â	*slâfen*
	slief	â	*slâfen*		*hiezen*	ei	*heizen*
	hiez	ei	*heizen*		*stiezen*	ô	*stôzen*
	stiez	ô	*stôzen*		*liefen*	ou	*loufen*
	lief	ou	*loufen*		*riefen*	uo	*ruofen*
	rief	uo	*ruofen*	u	*hulfen*	e	*helfen*
ô	*bôt*	ie	*bieten*		*bunden*	i	*binden*
ou	*bouc*	ie	*biegen*		*buten*	ie	*bieten*
	rou	iu	*riuwen*		*sugen*	û	*sûgen*
	souc	û	*sûgen*	û	*blûwen*	iu	*bliuwen*
uo	*vuor*	a	*varn*	uo	*vuoren*	a	*varn*
	schuof	e	*schepfen*		*schuofen*	e	*schepfen*
	gewuoc	ä	*gewähenen*		*gewuogen*	ä	*gewähenen*

Partizip des Präteritums

im Text vorgefundener Stammvokal	z.B.	entspricht dem Infinitivvokal	z.B.
a	*gehalten*	a	*halten*
	geschaffen	e	*schepfen*
â	*geslâfen*	â	*slâfen*
e	*gegeben*	e	*geben*
	gebeten	i	*bitten*
ei	*geheizen*	ei	*heizen*
i	*gegriffen*	î	*grîfen*
o	*geholfen*	e	*helfen*
	geboten	ie	*bieten*
	gesogen	û	*sûgen*
ô	*gestôzen*	ô	*stôzen*
ou	*geloufen*	ou	*loufen*
u	*gebunden*	i	*binden*
û	*geblûwen*	iu	*bliuwen*
	erbûwen	û	*bûwen*
uo	*geruofen*	uo	*ruofen*

Präteritum schwacher Verben

im Text vorgefundener Stammvokal	z.B.	entspricht dem Infinitivvokal	z.B.
a	*wante*	e	*wenden*
	garte	ä	*gärwen*
â	*wânde*	æ	*wænen*
	dâhte	e	*denken*
	brâhte	i	*bringen*
ei	*seite*	a	*sagen*
	leite	e	*legen*
o	*forhte*	ü	*fürhten*
ô	*hôrte*	œ	*hœren*
ou	*lougente*	öu	*löugnen*
u	*kuste*	ü	*küssen*
û	*lûhte*	iu	*liuhten*
	dûhte	ü	*dünken*
uo	*gruozte*	üe	*grüezen*

(Nach Horst SITTA, Linguistische Methoden im altgermanistischen Unterricht, Wirkendes Wort 22 (1972) 40-57, Tabelle S. 57.)

Mittelhochdeutsche Wörterbücher

Matthias LEXERs Mittelhochdeutsches Taschenwörterbuch. Mit Nachträgen von Ulrich PRETZEL, 38. Auflage, unveränderter Nachdruck 1992.

> ('Kleiner Lexer', zur schnellen Information; gibt zu den mhd. Stichwörtern die nhd. Bedeutungen, wie sie in der Regel auch im 'Großen Lexer' verzeichnet sind; S. 1–343 entsprechen den älteren Auflagen, S. 355–504 enthalten wichtige Nachträge.)

Beate HENNIG, Kleines Mittelhochdeutsches Wörterbuch. Tübingen 1993.

> (Neubearbeitung des 'Kleinen Lexer', besonders im Bereich der Buchstaben A – G, ohne Berücksichtigung der Nachträge.)

Mittelhochdeutsches Wörterbuch. Mit Benutzung des Nachlasses von Georg Friedrich BENECKE ausgearb. von Wilhelm MÜLLER und Friedrich ZARNCKE. Bd. I, II.1, II.2, III. Nachdruck der Ausgabe Leipzig 1854–1866. Mit einem Vorwort u. einem zusammengefaßten Quellenverzeichnis von Eberhard NELLMANN. Stuttgart 1990. Dazu:
Mittelhochdeutsches Wörterbuch. Alphabetischer Index. Von Erwin KOLLER, Werner WEGSTEIN und Norbert Richard WOLF. Stuttgart 1990.

> ('BMZ'; ausführliche Belege zum Sprachgebrauch, hauptsächlich aus den Texten der mhd. 'Klassiker', mit Stellenangaben, Wegen der Anordnung nach etymologischen Gesichtspunkten sind die Stichwörter nicht leicht auffindbar; man sucht sie daher über den neuen Index oder im 'Großen Lexer' auf, wo sich hinter den Stichwörtern, die auch im BMZ vorkommen, ein entsprechender Verweis findet, z.B.: *übersehen* (II^2. 278^b) = BMZ, Bd. II.2, S. 278, rechte Spalte.)

Mittelhochdeutsches Handwörterbuch, von Matthias LEXER. 3 Bände. Nachdruck der Ausgabe Leipzig 1872–1878. Mit einer Einleitung von Kurt GÄRTNER. Stuttgart 1992.

> ('Großer Lexer'; als alphabetischer Index und Ergänzung zum BMZ angelegt, mit zahlreichen neuen Stichwörtern und Belegen, vor allem auch aus spätmhd. Texten. Im Anhang des dritten Bandes nochmals Nachträge.)

Kurt GÄRTNER, Christoph GERHARDT, Jürgen JAEHRLING, Ralf PLATE, Walter RÖLL, Erika TIMM; Datenverarbeitung: Gerhard HANRIEDER: Findebuch zum mittelhochdeutschen Wortschatz. Mit einem rückläufigen Index. Stuttgart 1992.

> (Erschließt den Wortschatz der Glossare, Wortverzeichnisse und Register zu Ausgaben und lexikographischen Untersuchungen von mhd. Texten, die nach dem 'Großen Lexer' (1878) erschienen sind.)